1 Schaf
Rohwolle zu Fasern zupfen, diese um einen Finger wickeln, abheben und als Löckchen auf das Schaf kleben. Grüne Wollfäden aus Wollmusterkatalog als Wiese aufkleben.

2 Blume und Hase
Wollfäden werden ausgewählt, um Finger gewickelt, abgehoben und auf das mit Klebstoff bestrichene Motiv gelegt und angedrückt. Wollfäden auf beleimte Linie legen.

3 Fisch
Aus dem Wollmusterkatalog werden bunte Fadenreihen entnommen, die man nach Fadenfarben und -qualitäten sortiert und auf der Linie aufklebt. Das Fischmotiv eignet sich auch zum Ausschneiden aus Streifenstoff.

4 Ich geh' mit meiner Laterne
Bei diesem Motiv werden nur die Kleidungsstücke mit Wollfäden beklebt. Es läßt sich auch gut mit Stoffmalstift auf Jute zeichnen und ausgestalten.

5 Schneemann – Kind
Beide Motive können mit gereinigter Rohwolle beklebt werden. Wenn man eine Schablone aus leichter Pappe schneidet, diese mit Wollfasern umwickelt, kann man ohne Leim arbeiten. Wenn es ein Christkind werden soll, wird eine runde Form aus Goldfolie hinter das Köpfchen geklebt.

6 Blumenkorb
Grobfädige, einfarbige Dekostoffe werden in 2 qcm große Teile geschnitten, von allen Seiten ausgefranst und mit einem Leimtropfen zueinander geklebt.

7 Engel
Mittels Schablone wird die Kleidform auf die linke Stoffseite übertragen, ausgeschnitten und aufgeklebt. Flügel aus Goldfolie im Faltschnitt schneiden und zwischen Schablone und Kleid kleben. Aus Rohwolle werden Haare rund um das Gesicht geklebt.

8 Sternsinger
Arbeit wie bei 7. Die Kronen können noch mit einer Borte verziert werden.

9 Haus im Garten
Aus festen Baumwollstoffen, die mit beidseitig aufbügelbarem Papier (Vliesofix) hinterbügelt wurden, schneiden wir Haus- und Baumformen aus, legen sie zueinander, kleben oder bügeln sie ins Buch oder auf Stoff.

10 Clown
Die ganze Form wird als Schablone seitenverkehrt auf Stoffrückseite übertragen, ausgeschnitten, Gesicht, Hände, Schuhe und Kragen auf bzw. an das Clownmodell geklebt.

11 Frühlingsblumen
Die Blumenteile werden mit Schablonen auf Stoff übertragen, ausgeschnitten, aufgeklebt oder aufgebügelt. Vorsichtigerweise kann man Seidenpapier (beim Bügeln) dazwischenlegen.

12 Vögel
Die Vögel werden gegengleich ausgeschnitten, aufgeklebt oder zum Aufhängen mit gedoppeltem Faden dazwischen, aufeinandergeklebt oder gebügelt.

1 Schaf auf der Wiese

Wir erkennen und benennen:

> Rohwolle

Wir greifen und zupfen Wolle
Wir wickeln Wollfasern um 1 Finger
Wir kleben runde Wollformen

Wir brauchen: Karton für Schablone
Rohwolle, Klebstoff
grüne Wollfäden aus Wollmusterbuch

	Wolle – roh – weiß		Wolle – roh – braun		Woll- fäden – grün

2 Blume und Hase

Wir erkennen und benennen:

| Lange Wollfäden |

Wir unterscheiden Fäden
Wir wickeln Fäden um 4 Finger
　　　　　　　　um 3 Finger
　　　　　　　　um 1 Finger
Wir kleben runde Formen

Wir brauchen: Wollfäden, Klebstoff, Stoffmalstift
　　　　　　　Grundmaterial

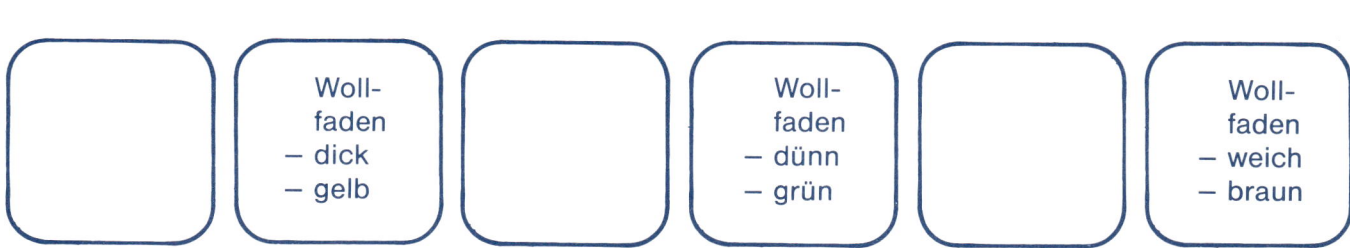

3 Fisch

Wir erkennen und benennen:

> kurze Wollfäden

Wir wählen eine Farbe aus
Wir kleben mit Fäden ein Bild

Wir brauchen: Wollmusterbuch
Klebstoff
Schablone

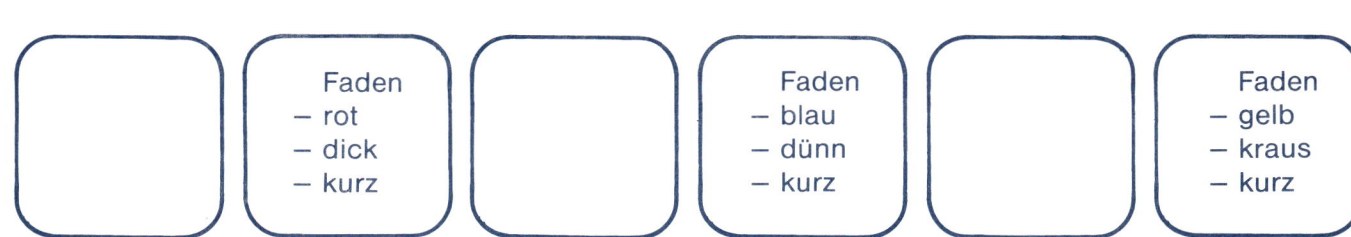

| | Faden
– rot
– dick
– kurz | | Faden
– blau
– dünn
– kurz | | Faden
– gelb
– kraus
– kurz |

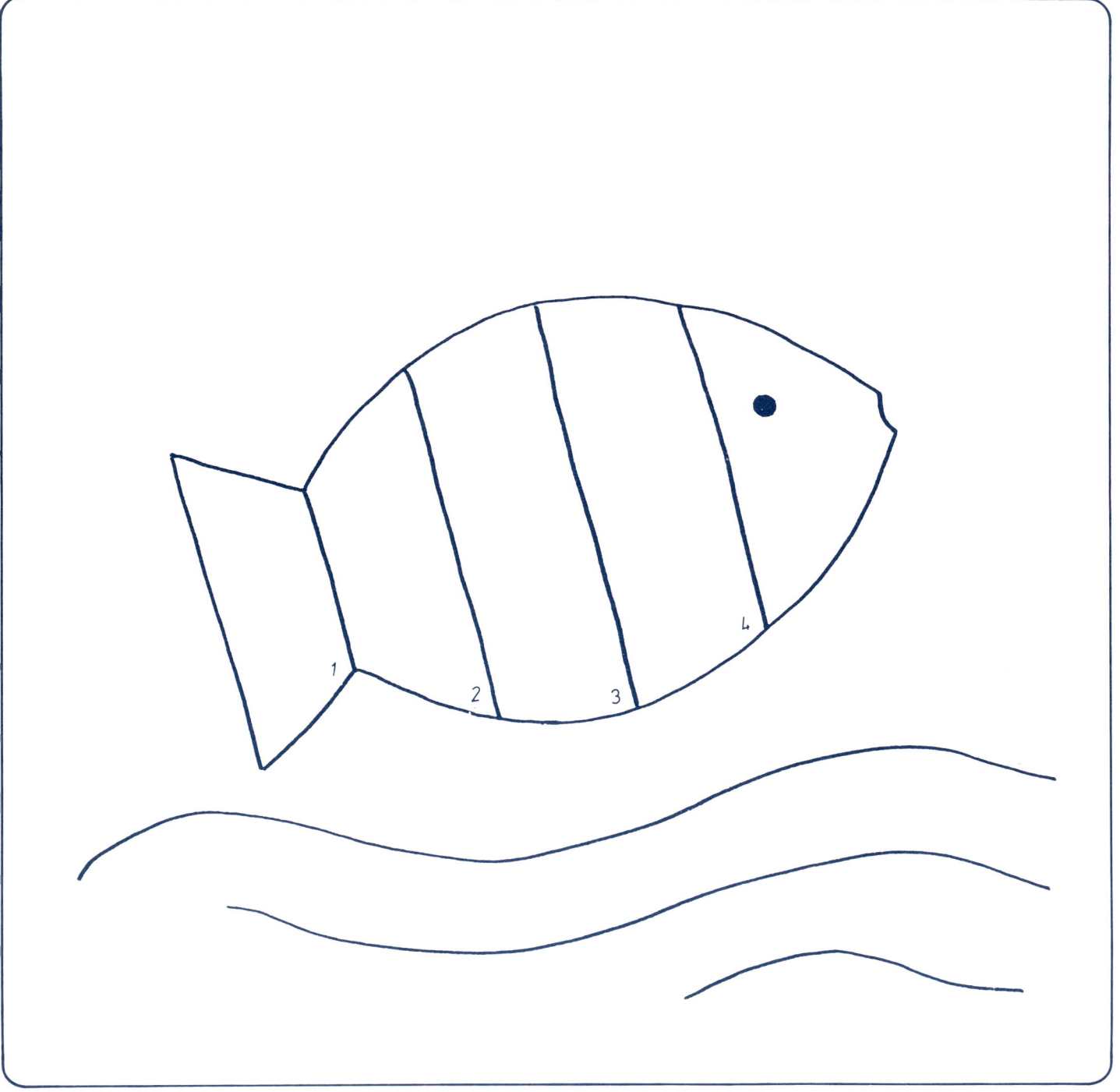

4 Ich geh' mit meiner Laterne

Wir gestalten mit | kurzen Wollfäden |

Wir unterscheiden Fäden
Wir kleben Fäden

Wir brauchen: Wollmusterbuch
Schablone
Klebstoff

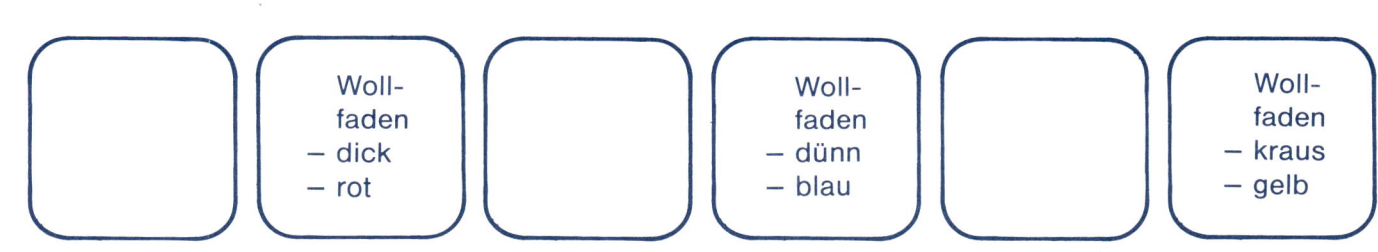

5 Schneemann – Kind

Wir erkennen und benennen:

> Wollfasern

Wir schneiden Schablone aus Karton
Wir zupfen, wickeln, legen, kleben

Wir brauchen: Rohwolle – gereinigt
   Wollfäden – dick – kurz – braun

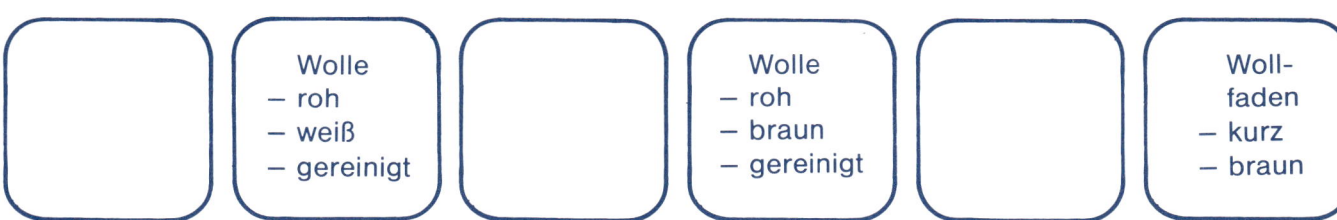

6 Blumenkorb

Wir erkennen und benennen:

Stoffe

Wir greifen Stoffteile
Wir zupfen Fäden aus
Wir legen und kleben

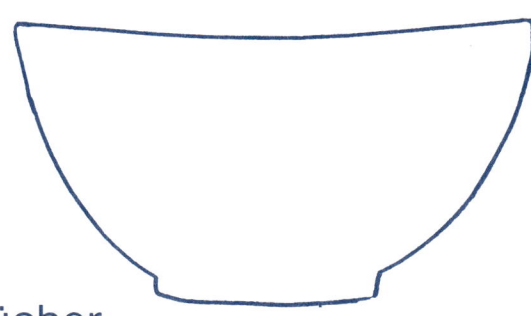

Wir brauchen: Dekostoff-Musterbücher
grobfädige Stoffe, Klebstoff

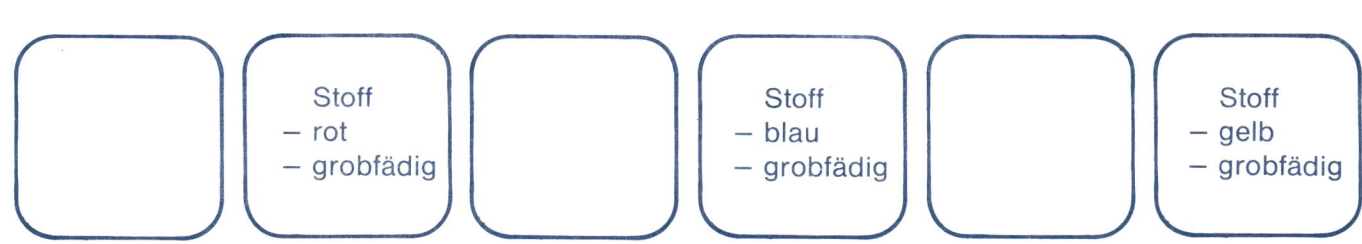

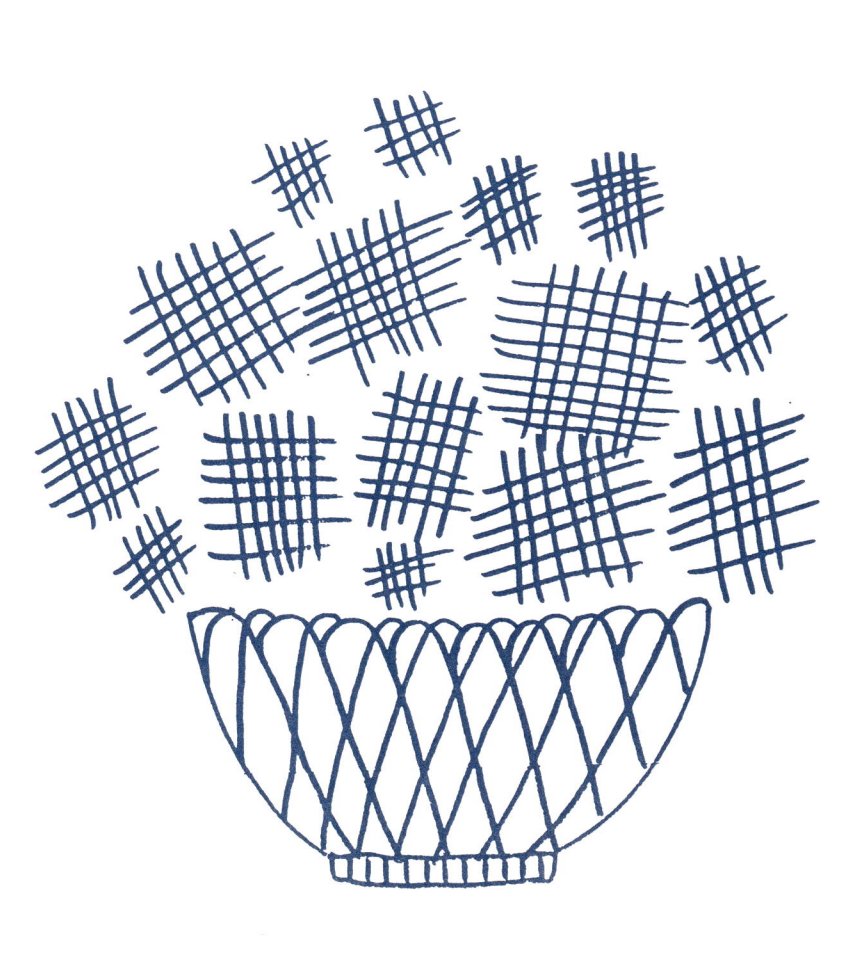

7 Engel

Wir erkennen und benennen:

Stoffe sind glatt und glänzend

Wir schneiden auf der Linie
Wir kleben Stoffteile

Wir brauchen: Dekostoff-Muster
Schere, Schablone
Klebstoff
Vliesofix

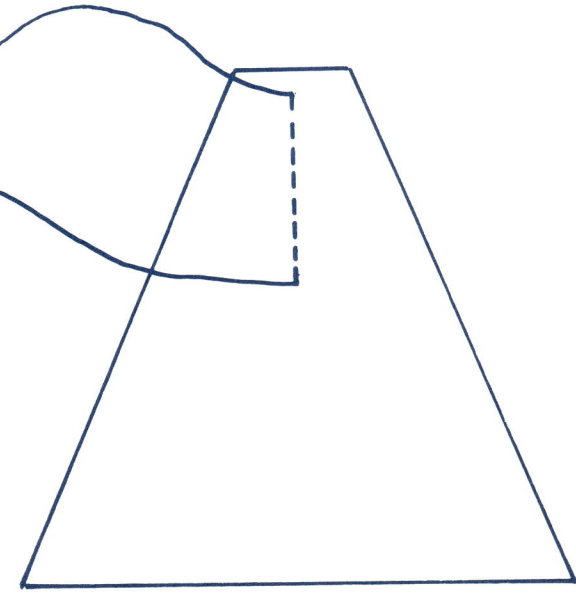

| | Stoff
– glatt
– glänzend | | Stoff
– dünn
– glänzend | | Wolle
– roh
– gereinigt |

8 Sternsinger

Wir erkennen und benennen:

| Wollstoffe |

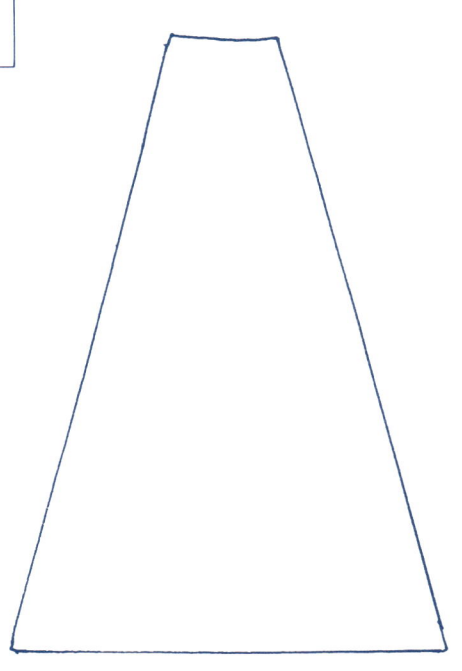

Wir schneiden auf der Linie
Wir gestalten und kleben

Wir brauchen: Wollstoffe, Borten
Rohwolle für Haare
Goldpapier, Klebstoff
Schablone, Schere

| | Wollstoff – bunt | | Wollstoff – einfarbig | | Rohwolle |

9 Haus im Garten

Wir erkennen und benennen:

| Stoffe | sind einfarbig
bunt
geblümt

Wir schneiden auf der Linie
Wir gestalten und kleben

Wir brauchen: Baumwollstoffe
Schere, Schablonen, Klebstoff
Vliesofix

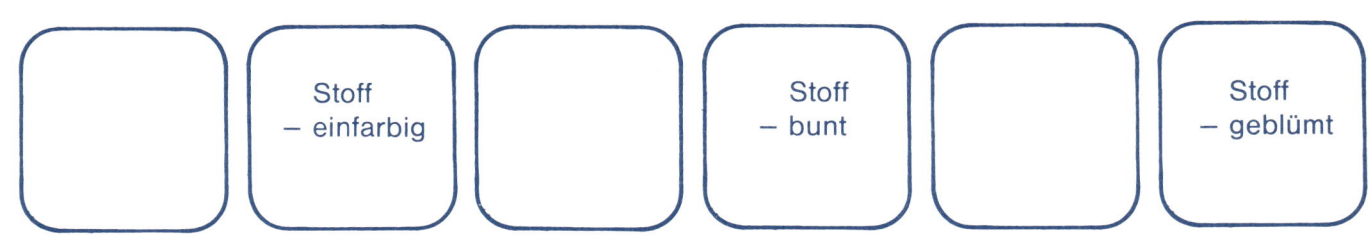

10 Clown

Wir erkennen und benennen:

| Stoffe | sind bunt |
| Filz | ist einfarbig |

Wir schneiden auf einer gebogenen Linie
Wir gestalten und kleben

Wir brauchen: Stoffreste, Filz, Vliesofix
Schere, Schablone, Klebstoff

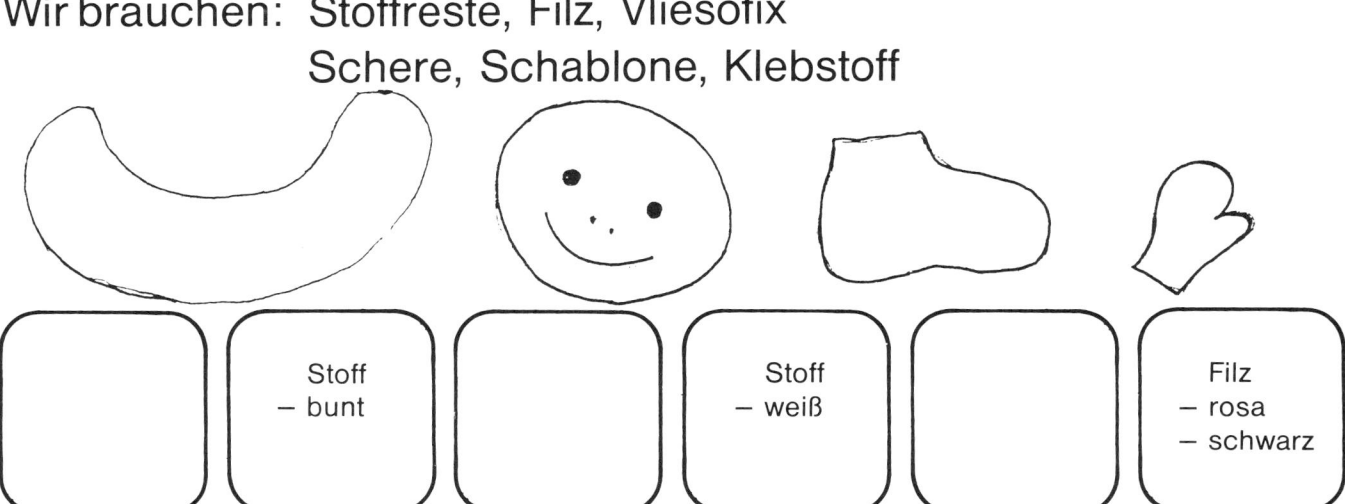

11   Frühlingsblumen

Wir gestalten ein Bild aus

bunten   Stoffen

Wir bügeln   Vliesofix   auf die Stoffrückseite

Wir übertragen mit Schablone ein Blütenmotiv
Wir schneiden auf der Linie
Wir bügeln Schnitteile auf Untergrund

Wir brauchen: Stoffe, Vliesofix, Schere,
                Bügeleisen, Klebstoff

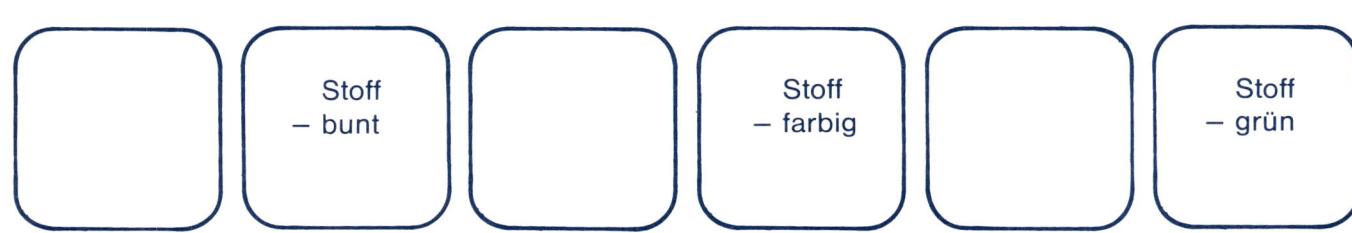

11 Frühlingsblumen

Wir gestalten ein Bild aus

bunten Stoffen

Wir bügeln Vliesofix auf die Stoffrückseite

Wir übertragen mit Schablone ein Blütenmotiv
Wir schneiden auf der Linie
Wir bügeln Schnitteile auf Untergrund

Wir brauchen: Stoffe, Vliesofix, Schere,
Bügeleisen, Klebstoff

12 Vögel

Wir suchen bunte Baumwollstoffe
Wir bügeln Vliesofix auf die Stoffrückseite
Wir umzeichnen eine Schablone
Wir schneiden 2 Formen gegengleich aus
Wir bügeln die Formen aufeinander

Wir brauchen:

Bunte Baumwollstoffe
Vliesofix, Bügeleisen,
Mattgarn

	Stoff – bunt		Vliesofix		Matt-garn – braun

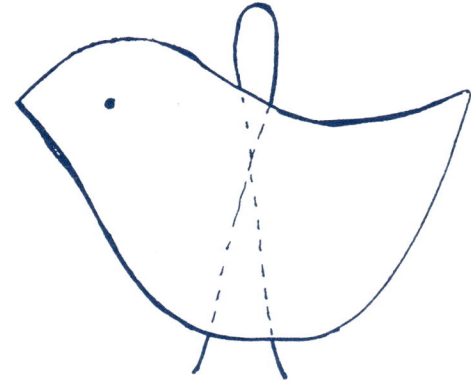

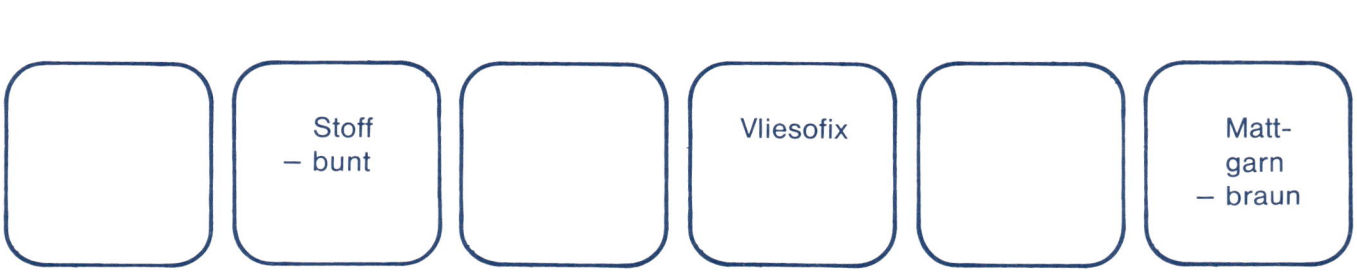